Michael Welder

Schönes Stettin

Michael Welder

Schönes STETTIN

Perle des Ostens

Verlag Gerhard Rautenberg

Alle Texte und Aufnahmen dieses Buches stammen von Michael Welder.

Die Deutsche Bibliothek – CIP-Einheitsaufnahme

Welder, Michael:
Schönes Stettin : Perle des Ostens / Michael Welder. – Leer :
Rautenberg, 1995
(Perlen des Ostens ; 2)
ISBN 3-7921-0548-9

Gesamtherstellung:
Rautenberg Druck GmbH, 26787 Leer

Printed in Germany
ISBN 3-7921-0548-9

Stettin – „das Tor zur Welt“

In den 70er Jahren kam ich zum ersten Mal nach Stettin – es lag auf der Rückroute einer Ostpreußentour. Seit wir Danzig verließen, hatte ich auf der Reise durch Hinterpommern den Eindruck gewonnen, je weiter westlich wir kamen, desto trostloser wirkten Dorf und Flur. In Swinemünde gar, dem westlichsten Ort Polens seit 1945, war auf gut hochdeutsch „der Hund verreckt". Dagegen wirkten Posen oder Zoppot quirlig. Viele deutsche Touristen haben mir später die gleichen Eindrücke bestätigt.

Heute wissen wir den Grund dieser auffälligen Apathie in Polens Westgebieten bis Ende der 70er Jahre: viele neuangesiedelte Polen in Hinterpommern, aber auch in Schlesien und Ostbrandenburg haben wohl erst nach Abschluß des Warschauer Vertrages zwischen der Bundesregierung und Polen (1970) zu glauben begonnen, diese „wiedergewonnenen Gebiete" bleiben wirklich in polnischer Hand. Auf „gepackten Koffern" hätten die Menschen dort gesessen – so hörten wir es später aus polnischem Mund, auch wenn dies eher die seelische Gemengelage der Neuansiedler als einen wirklichen Koffer meint.

Auf der Konferenz der „Großen Drei" in Jalta im Februar 1945 wurden die Oder und die Lausitzer Neiße als Westgrenze Polens vereinbart. In der Konferenz von Potsdam vom 17. Juli bis zum 2. August 1945 hat der Artikel IX der polnischen Regierung die Genehmigung erteilt, folglich diese Gebiete östlich von Oder und Neiße zu verwalten, Artikel VIII die Ermächtigung, die Deutschen aus diesen Gebieten auszusiedeln. Die Flüchtlinge aus Görlitz (West) und Frankfurt/Oder (West) sowie aus Stettin und Swinemünde hatten also „Glück" – sie konnten wieder zurück in ihre alte Heimat und das taten sie auch im Sommer 1945. Sie lesen richtig – die Deutschen kehrten ab Mai 1945 auch nach Stettin zurück, da es schließlich westlich der Oder liegt. Etwa 150 000 Deutsche lebten unmittelbar nach Kriegsende wieder in Stettin und unterhalb der sowjetischen Kontrollorgane etablierte sich wie in allen anderen Städten der Sowjetischen Besatzungszone (SBZ) eine deutsche Stadtverwaltung. Da aber seit dem 2. August 1945, dem Abschluß der Potsdamer Konferenz, die modifizierte Grenzlinie bekannt wurde, die Stalin gegenüber seinen alliierten Partnern durchzusetzen verstand, tauchten im August 1945 die ersten polnischen Organe und Fahnen in Stettin auf, wobei letztere von den sowjetischen Besatzungsbehörden anfangs wieder abgehängt worden waren. Der Grund für diese Grenzveränderung im Stettiner Gebiet blieb Jahrzehnte hindurch unbekannt, bis nach der politischen Wende in Polen die Memoiren des polnischen Generals Zygmunt Berling erschienen.

Stettin in der sowjetischen Besatzungszone

Der Grund der Grenzveränderung

Berling gehörte zur 1941 entstandenen Organisation polnischer Kommunisten und befand sich in der Sowjetunion, als am 13. April 1943 der Leichenfund Tausender polnischer Offiziere im Wald von Katyń (bei Smolensk) durch den deutschen Rundfunk bekanntgegeben wurde. Für Stalin war die Entdeckung des durch den NKWD

1940 begangenen Massenmords sehr unangenehm, erklärte die Deutschen zu den Mördern und brach am 25. April 1943 die Beziehungen zur polnischen Exilregierung in London ab – denn die gab keine Ruhe und forderte von Stalin Auskunft über weitere verschwundene polnische Soldaten. Stalin gründete deshalb am 8. Mai 1943 in der Sowjetunion den ihm gefügigen „Verband Polnischer Patrioten (ZPP)" und ließ Berling mit der Aufstellung polnischer Truppen beginnen, die später zu einem (mit der Roten Armee kämpfenden) „Polnischen Heer" erweitert wurden. Dieser polnische General Berling war also für Stalin die notwendige Voraussetzung für das im Juli 1944 gegründete „Lubliner Komitee", das (als spätere Regierung Volkspolens) ein Gegengewicht zur in London sitzenden bürgerlichen polnischen Exilregierung wurde. Dadurch hatte Berling bei Stalin etwas Narrenfreiheit. In besagten Memoiren beschreibt er nun, wie ihm Stalin die geplante Westgrenze Polens auf einer Landkarte zeigt und er Stalin erwidert, *ein* polnisches Hafenzentrum an der Ostsee (Danzig/Gdingen) sei aus der deutschen Beute ein wenig dürftig und die Oder als Grenzfluß tauge nichts, wenn ihre bedeutendste Hafenstadt (Stettin) und der Mündungshafen (Swinemünde) deutsch verbliebe. Daraufhin soll Stalin leicht verärgert ein Lineal unterhalb von Stettin auf die Landkarte gesetzt und einen dicken Strich bis hinauf westlich von Swinemünde gezogen haben.

Stalins Lineal auf der Landkarte

Das war für Stalin und mehr noch für sein in der SBZ installiertes Ulbricht-Regime im nachhinein sehr mißlich, denn nun gab es für die eigene Sowjet-Zone überhaupt keinen Ostseehafen, während Polen neben Danzig/Gdingen noch den bedeutendsten deutschen Hafen an der Ostsee, nämlich Stettin, erhielt. Erst die DDR hat ja dann unter großem Aufwand den neuen Überseehafen Rostock errichtet – vorher gab es da keinen Hafen. Mißlich auch deshalb, weil die Verkehrsanbindung nach Ost-Berlin gleich null war; die Autobahn zwischen Berlin und Rostock war erst Anfang der 80er Jahre fertiggestellt worden. Zwischen Moskau und der Sowjetverwaltung in Stettin scheint es im Sommer 1945 einige Kommunikationsschwierigkeiten gegeben zu haben. Die deutsche Stadtverwaltung in Stettin hätte doch aufgrund der Vereinbarungen der Konferenz von Potsdam von der sowjetischen Kommandantur sofort aufgelöst werden müssen. Tatsächlich aber existierte sie bis weit in den Herbst 1945 hinein und die Vertreibung der Deutschen durch die polnischen Behörden setzte auch jetzt erst ein, um sich bis in das Jahr 1946 hinzuziehen. Freilich blieben einige Tausend Deutsche für rund zwei weitere Jahre in Stettin, da sie seitens der Sowjetbehörden für die Demontage der Stettiner Hafenanlagen benötigt wurden. Zu diesem Zweck wurde mit Stacheldraht ein sowjetisches Sperrgebiet in Stettin für deutsche Hafenarbeiter abgetrennt. Deutsche blieben in Stettin in größerem Umfang als etwa in Breslau oder im Danziger Gebiet zurück, denn Ende der 40er Jahre ließ Polen zunächst keine Ausreisen von Deutschen mehr zu. Als am 3. Dezember 1950 die erste Volkszählung in Polen nach dem Kriege durchgeführt wurde, waren unter etwa 25 Mio. Einwohnern rund 1 260 000 einstige deutsche Reichsbürger.

Damit war der Fall Stettin noch immer nicht ganz zu den Akten gelegt. Denn in der DDR-Führung scheint es unter Honecker ein-, zweimal Versuche gegeben zu haben, mit Hilfe der Sowjetunion den ungeliebten polnischen Nachbarn zu piesacken. Das war insbesondere in den Jahren der Solidarność-Bewegung und der Regierung Mazowiecki der Fall. So hatte die zwischen Mukran (Rügen) und Memel/Klaipeda (Sowjetlitauen) in den 80er Jahren installierte Fährverbindung zum Ziel, das vom Keim des Liberalismus durchsetzte Polen zu umgehen, was Polen erhebliche Einbußen an Transitgebühren bescherte. Dann gab es an der Odermündung Ärger bei Swinemünde, denn nach Auffassung der DDR verlief die Hauptschiffahrtsrinne von der Swinemündung an hinaus zur Ostsee teilweise durch DDR-Hoheitsgebiet, worauf DDR-Küstenwachschiffe den Schiffsverkehr von und nach Stettin behinderten.

Übrigens sagte man in der DDR stets Szczecin statt Stettin und hat das Stettiner Haff in Oderhaff und die Stettiner Bucht in Oderbucht umgetauft, weil „Szczeciner Haff" wohl selbst in Ost-Berlin zu dämlich klang. Bei den Polen heißt es ja nach wie vor Stettiner Haff (Zalew Szczeciński). Aber das hat bei der DDR nicht verwundert, denn selbst der ganze Provinzname wurde abgeschafft: von Pommern zu reden war mit Revanchismus gleichgesetzt, obwohl doch ganz Vorpommern (außer Stettin) bei der DDR verblieben waren. Die Pommersche Evangelische Landeskirche kam deshalb nach 1945 zum etwas verlegenen Titel „Evangelische Landeskirche Greifswald". Auch aus diesem Grunde ist die Wiedervereinigung eine schöne Sache: endlich wieder Hygiene bei den Benennungen von Stadt und Land für jenseits der Grenze gelegene alte ostdeutsche Gebiete. Richtig wohltuend, auf der Autobahn bei Bautzen den Wegweiser nach „Breslau" und bei Prenzlau den nach „Stettin" zu entdecken!

Reise nach Stettin

An der polnischen Grenze zwischen Pomellen und Kolbitzow (poln. Kolbaskowo) wird heutzutage nur noch der Personalausweis für einen Besuch in Stettin benötigt. Den braucht man auch bei einer Reise in die Schweiz. Argumente gegen einen Besuch Stettins mit Reiseschwierigkeiten zu begründen, ist nur noch Unwissenheit. Die alte pommersche Landeshauptstadt liegt nur 300 km östlich von Lübeck – da verbietet es sich geradezu, von Osteuropa zu reden, was wir unbedacht im Falle aller polnischen Gebiete zumeist tun.

„Wiedergewonnene Gebiete"

Pommern gehörte zwischen 1181 und 1945 zum Heiligen Römischen Reich Deutscher Nation, zum Deutschen Bund, zum Norddeutschen Bund, zum Deutschen Reich – also 764 Jahre zu Deutschland. Auch zur „Schwedenzeit" zwischen 1648 und 1815 gehörte Pommern staatsrechtlich zu Deutschland, da Schweden nur die „Reichsstandschaft" innehatte. Stettin hat seit 1187 nachweisbare Belege deutscher Siedler, denn der aus Franken stammende Kaufmann Beringer ist nebst einer deutschen St. Jakobi-Gemeinde erwähnt. So erklärt sich die frühere polnische Manie, besonders diese „wiedergewonnenen Gebiete" als urpolnisch auszuweisen, wo die historischen polnischen Bezüge besonders dürftig waren. Nie sah ich ein größeres Schild als das bis zur Wende in Polen am Stadtrand aufgestellte „Szczecin zawsze Polski (Stettin gestern und morgen polnisch)". Es ist längst abgehängt worden und im Alten Rathaus kann sich der deutsche Tourist in einer fehlerfreien, zweisprachig betexteten Ausstellung auch über das Stettin zur deutschen Zeit infor-

Berliner Tor – Tor für Berlin

mieren. Stettin hat in den wenigen Jahren der politischen und ökonomischen Freiheit Farbe bekommen. Die Restaurierung des Berliner Tors mit den Insignien preußischer Könige ist eine denkmalspflegerische Befreiungstat. Das wäre vor wenigen Jahren gar nicht möglich gewesen. Stettin setzt auch deutlich auf seine Zukunft – und die liegt in der zügigen Verbesserung seiner Beziehungen zum Berliner Raum. Wenn diese alte Funktion wieder belebt werden könnte, wäre es ein Segen für beide Länder. Für Berlin war immer Stettin das Tor zur Welt, für die Polen in Stettin wäre es ein Aufbruch zur Mitte Europas heraus aus einer winkeligen Grenzlage.

Rechte Seite:
Die deutsche Vereinigung hat auch die Autobahnschilder wieder lesbarer gemacht: bis 1990 ging es nur nach Szczecin.

11
E28
Stettin 37km

Der Greif im Wappen Pommerns und Stettins geht auf die Dynastie der slawischen Greifenherzöge zurück. Der erste geschichtlich verbürgte Greif ist Herzog Wartislaw I. (1124).

Diese pommerschen Wappen-Marken verdanken wir Kaffee HAG. In einem Werbefeldzug für den entkoffeinierten Kaffee belohnte die Bremer Firma HAG ab 1911 die Käufer mit deutschen Städtewappen.

Keine Spurensuche ohne Kanaldeckel!

Stettin zählte vor dem Zweiten Weltkrieg etwa 20 ausländische Konsulate.

Stettin war das deutsche Tor zur Ostsee. 1936 wurde die Autobahn nach Berlin eröffnet; 1939 zählte Pommerns Hauptstadt 380 000 Einwohner.

Ende der Geschichtsverdrängung: Die polnische Nachfolge-Brauerei erinnert an die Stettiner Brauerei Bohrisch!

Vorhergehende
Doppelseite:
Usedoms
Südküste am
Stettiner Haff
bei Kamminke.

Das polnische Swinemünde aus dem deutschen Flugzeug bei Ahlbeck erspäht – unter uns die „Oder-Neiße-Grenze": im Wald auf Usedom.

Der mittlere Oderarm Swine mündet in Swinemünde – heute Westpolens Tor zur Ostsee. Der linke Oderarm (Peene) mündet in Deutschland, der östliche (Dievenow) ebenfalls in Polen.

Nach Beginn der Schiffbarmachung der Swine 1729 gründete Friedrich der Große 1765 Swinemünde.

Geldnotschein des Seebads Swinemünde kurz nach Ende des Ersten Weltkrieges.

In Swinemünde verlebte Theodor Fontane 5 Jahre seiner Kindheit, die im berühmten Roman „Effi Briest" verarbeitet wurden. 1940 zählte das Ostseebad noch 55 000 Besucher.

Mit zwei gewaltigen Brückenbauwerken überspannt die Autobahn seit 1936 die West- und die Ostoder. Vom Geländer ein weitläufiger Blick in die Flußauen.

Deutsche und Polen planen einen „Nationalpark Unteres Odertal". Hoffentlich kommt er zustande.

Der Stettiner Hafen hat ein Areal von 920 ha. Die Wasserstraße Swinemünde–Stettin wurde in den 30er Jahren auf 9,60 m ausgebaut, so daß jedes Regelschiff des Weltverkehrs den Stettiner Hafen anlaufen kann. Stettin war Berlins „Tor zur Welt".

Stettin hatte berühmte Werften: Vulcanwerft, Stettiner Oderwerke, Merkurwerft und die Greifenwerft. 1826 fuhr das erste Dampfschiff auf der Oder, 1874 gab es die erste Postdampferverbindung nach New York.

Die Hakenterrasse galt als eine der schönsten deutschen Terrassenanlagen. Ihr Name geht auf den Stettiner Oberbürgermeister Haken (1878–1907) zurück, der sie auf einer Länge von 500 m auf den alten Stettiner Festungswällen errichten ließ.

Rechtes Bild: Das Regierungsgebäude dient auch heute dem Stettiner Wojewoden als Amtssitz.

287

Das Regierungsgebäude entstand 1905–1911 im niederländischen Spätrenaissance-Stil.

Linkes Bild: Aufgang von der Oder zu den Aussichtspavillons der Hakenterrasse.

15. Juli: Das polnische Stettin feiert den „Tag des Meeres".

Rechte Seite: Endlich Leben auf der Oder – am „Tag des Meeres".

Sprint
Sprint

Blick vom östlichen Oderufer auf Schloß und Altes Rathaus.

Rechte Seite:
Das neben dem Regierungsgebäude errichtete Museum der Stadt Stettin wurde 1913 eröffnet. Ein großer Teil seiner Kunstsammlungen ist heute in der Stiftung Pommern in Kiel zu sehen.

Die Terrassenanlagen sind mit Greifen (linkes Bild, am Aussichtspavillon) und (waren) mit Wappen deutscher Ostseestädte geschmückt. Nur die zu Polen kommenden Städte blieben 1945 mit ihren Wappen erhalten. Dieses Wappen von Darłowo (Rügenwalde) wurde an die Stelle des Wappens von Memel eingemeißelt (Bild oben).

Den Abschluß der Hakenterrasse bildet nach Süden die ehemalige Landesversicherungsanstalt (erbaut 1903/05).

Blick vom östlichen Oderufer auf die Jakobikirche (oben) von 1187 und die Johanniskirche aus dem 14. Jahrhundert.

Im Basteihof des Herzogsschlosses finden im Sommer Freiluft-veranstaltungen statt.

Linke Seite:
Die Peter-Paul-Kirche ist Pommerns erste Kirche und geht bis in das Jahr 1124 zurück. Heute dient sie der Polnisch-Katholischen Gemeinde, einer Abspaltung der Römisch-Katholischen Kirche, als Gotteshaus. Im Hintergrund das Herzogsschloß, dessen heutige Form auf das 16. Jahrhundert zurückgeht. Zu deutscher Zeit wurde es als Behördensitz genutzt, heute dient es als Kulturzentrum.

Bei der Restaurierung verwendeten die Polen alte Bildvorlagen aus schwedischen Archiven – Stettin gehörte zwischen 1648 und 1720 zu Schweden. Das Epitaph im Münzhof verewigt die Pommernherzöge Philipp II. und Franz I.

Das Loitzenhaus stammt aus dem Jahre 1547 und gehörte der angesehenen Stettiner Familie Loitze.

Blick vom Turm der Schloßkirche auf die Stettiner Altstadt bis zu St. Jakobi.

Die Jakobikirche ist heute Kathedralsitz des Bistums Stettin und bietet 10 000 Gläubigen Platz. Das völlig zerstörte Gotteshaus, dessen Anfänge auf eine Gründung des Bamberger Kaufmanns Beringer 1187 zurückgehen, wurde von Polen eindrucksvoll restauriert.

Blick vom Turm der Schloßkirche über die Peter-Paul-Kirche bis zum Hotelbezirk am neuen Geschäftszentrum an der Pölitzer Straße. Die Straßenschneise im Vordergrund gab es zu deutscher Zeit nicht.

Die „Schwedenglocke" wurde 1681 in Stettin gegossen und steht mit ihren 5,7 Tonnen neben der Jakobikirche. Der Name erinnert an den Umstand, daß Stettin damals zu Schweden gehörte.

Acht Straßen führen in das Rondell des ehemaligen Kaiser-Wilhelm-Platzes; die Mitte ist Fußgängerzone und Straßenbahnhaltestelle zugleich. Modernes Stettin zur Jahrhundertwende.

Peter-Paul-Kirche und Herzogsschloß im Morgendunst.

Die 1913–19 erbaute Garnisonkirche dient heute als katholische Kirche. Sie war Deutschlands erster Kirchenbau in Stahlbeton.

Linkes Bild: Die Bugenhagenkirche aus den Jahren (erbaut 1906–09) geht namentlich auf den großen Reformator Pommerns zurück. Heutzutage dient sie als katholische Garnisonkirche.

Das Alte Rathaus sieht besser aus als zur deutschen Zeit. Die Polen haben es perfekt nach alten Vorlagen restauriert. Das Innere birgt eine sehenswerte Ausstellung über Stettin zur Vorkriegszeit – mit korrekter zweisprachiger Beschriftung.

Die Johanniskirche ruht auf Pfählen – trotzdem hat sie dem Krieg getrotzt. Die ehemalige Klosterkirche aus dem 14. Jahrhundert besitzt traditionell keinen Turm – nur einen Dachreiter.

Schöne Villen stehen in der Falkenwalder Straße.

Das Berliner Tor heißt heute Hafentor. Nach seiner Restaurierung 1994 erstrahlt es in unbekanntem Glanz. Der lateinische Text erwähnt den Übergang Stettins von Schweden an Brandenburg-Preußen 1720. Unbefangen wurden die Initialen FR (Fridericus Rex = Friedrich der Große) restauriert, der in Polen keinen guten Leumund hat.

Villa in der Falkenwalder Straße, bevorzugtes Wohngebiet früher und heute.

Die Oberpostdirektion wurde 1905 am Paradeplatz erbaut. Auch die Polen kaufen heute hier ihre Briefmarken.

Im neuen Geschäftszentrum neben dem Hotel Neptun unweit der Grabower Anlagen kommt ein Hauch von internationalem Flair auf. Den hat Stettin auch dringend nötig, wenn es den Anschluß an Europa nicht versäumen will.

Stettin, Berliner Tor: von hier sind es 2 Stunden per PKW in die deutsche Hauptstadt.